AF394933

À l'Éminent

Directeur de la Bibliothèque national

Hommage affectueux

de son très humble confrère

Casati

FORTIS ETRURIA

ORIGINES ÉTRUSQUES DU DROIT ROMAIN

PAR

C. CHARLES CASATI

Conseiller à la Cour de Paris

NOUVELLE ÉDITION

PARIS

LIBRAIRIE FIRMIN-DIDOT ET Cie

56, RUE JACOB, 56

1888

FORTIS ETRURIA

ORIGINES ÉTRUSQUES DU DROIT ROMAIN

PARIS

TYPOGRAPHIE GEORGES CHAMEROT

19, RUE DES SAINTS-PÈRES, 19

FORTIS ETRURIA

ORIGINES ÉTRUSQUES DU DROIT ROMAIN

PAR

C. CHARLES CASATI

Conseiller à la Cour de Paris

NOUVELLE ÉDITION

PARIS

LIBRAIRIE FIRMIN-DIDOT ET Cⁱᵉ

56, RUE JACOB, 56

—

1888

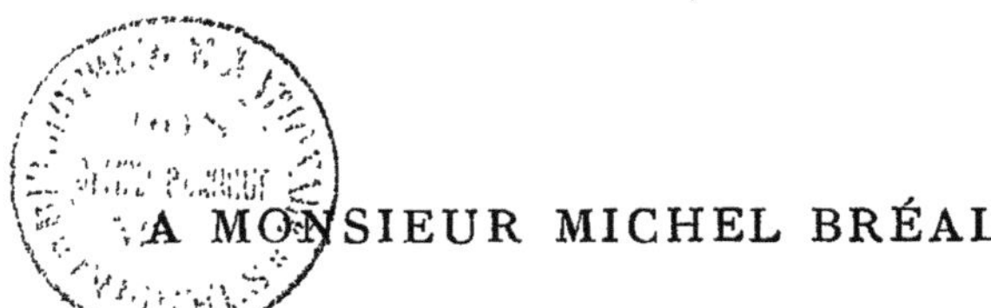

A MONSIEUR MICHEL BRÉAL

PRÉSIDENT DE L'ACADÉMIE DES INSCRIPTIONS ET BELLES-LETTRES

Les études réunies dans cette nouvelle édition forment la première partie d'un ouvrage, dont la deuxième partie doit renfermer les notions spéciales sur la famille, le mariage, la propriété, la procédure, en recherchant autant que cela est possible ce que le droit romain a emprunté au droit étrusque et la part qui appartient à la civilisation étrusque dans notre civilisation moderne.

L'auteur doit joindre à cette nouvelle édition ses remerciements au docte professeur Lupatelli qui a publié, en Italie, une traduction d'une partie de ces études et de la monographie sur la numismatique étrusque.

CHAPITRE I

ETAT ACTUEL DES ÉTUDES ÉTRUSQUES

L'ANTIQUITÉ étrusque est peu connue en France, et les meilleurs ouvrages ne donnent sur les Étrusques et sur leur civilisation que des notions inexactes, tout en rapportant d'après les auteurs latins les principaux faits de leur histoire. L'ouvrage le plus considérable publié en France sur l'Étrurie, dans ces dernières années, celui de M. Noël Desvergers, tout en faisant connaître des peintures murales et des vases remarquables récemment découverts, renferme des indications un peu superficielles sur la langue et les mœurs des Étrusques, qui ont été reproduites dans la plupart des ouvrages publiés sur l'antiquité romaine.

Il est admis généralement que si l'on a retrouvé un grand nombre d'inscriptions étrusques, on ne peut en déchiffrer et en interpréter presque aucune. Cela n'est pas exact ; la plupart des inscriptions étrusques sont des inscriptions funéraires portant des noms propres avec l'indication de la parenté et de l'âge, la plupart de ces inscriptions se lisent facilement, mais elles ne donnent pas la clef de la langue étrusque, elles donnent seulement la nomenclature des familles étrusques ; cela n'est pas beaucoup au point de vue de la philologie et de l'histoire, mais cela n'est pas sans importance pour l'étude et l'organisation de la famille et de la société en Étrurie.

Malgré les nouvelles découvertes intéressantes qui ont eu lieu dans ces dernières années, soit à Tarquini, soit dans la nécropole d'Orvieto, soit à Cere, soit à Chiusi, les études étrusques, à mon humble avis, n'ont pas fait de grands progrès dans notre siècle. Depuis longtemps déjà on avait recueilli tous les témoignages des auteurs anciens, et, on peut le dire, on avait dépouillé tout le fonds de l'antiquité sur ce sujet. Bien que les Étrusques aient été l'objet d'ouvrages remarquables et d'importantes monographies, — si j'exprime en toute sincérité mon opinion, — je dois reconnaître que la science n'a pas fait de progrès sensibles depuis Lanzi et Micali, qui vivaient à la fin du siècle dernier ou au commencement de notre siècle.

L'on doit certainement rendre hommage au livre remarquable de Müller sur les Étrusques, dont M. Deecke vient de publier une nouvelle édition : l'on trouve à peu près dans ce livre tout ce qu'ont dit les auteurs latins dont Müller avait fait une étude si complète, mais rien autre ; Müller a écrit son livre avant d'avoir visité l'Étrurie, et il est facile de s'en apercevoir. Müller était un grand archéologue, mais l'imagination ne peut suppléer au témoignage des yeux. La mission de l'archéologue n'est pas toujours facile à remplir, il est forcé de céder souvent à des difficultés matérielles ; c'est ce qui est arrivé à Ottfried Müller, qui a écrit presque tous ses livres sans avoir vu l'Italie et la Grèce, qu'il brûlait du désir de visiter, et lorsqu'il lui a été donné de réaliser ce rêve de toute sa vie, il s'est livré à ses explorations avec trop d'ardeur scientifique, et, comme Charles Lenormant, il est mort victime de son dévouement à la science.

Au point de vue philologique, les progrès ne sont guère plus considérables qu'au point de vue archéologique. Les patientes recherches de Corssen sont loin d'avoir donné tout le résultat qu'on en attendait ; mais l'on doit rendre hommage à l'œuvre précieuse et importante accomplie par M. Fabretti, et dont l'Académie des inscriptions a su reconnaître le haut mérite en décernant à son auteur le titre de correspondant. Je dois rendre justice également aux efforts faits dans ces dernières années, par MM. Deecke et Pauli en Allemagne, Vanderberg en Hollande, Gamurini et Lattes en Italie, le docteur Helbig à Rome, et surtout par le regretté comte Conestabile, qui a su si bien organiser et décrire les musées étrusques de Perugia et de Florence.

Il est inutile de mentionner, tellement ils sont connus, les grands travaux de MM. Niehbur, Ampère, Momnsen (1), qui ont su jeter sur les antiquités étrusques les lumières de leur esprit investigateur, mais l'on ne peut passer sous silence les écrits de trois membres éminents de cette Académie, qui ne se sont occupés

---

(1) Et aussi ceux de MM. Michelet, des Vergers, Duruy.

qu'accessoirement de l'antiquité et de la langue étrusques mais qui l'ont fait avec la sagacité et le talent que tout le monde se plaît à leur reconnaître (1).

Pour les Étrusques comme pour tous les peuples de l'antiquité, nous avons deux sources d'information qui nous permettent, dans une certaine mesure, de faire revivre ces civilisations éteintes ; ces sources d'information sont les textes et les monuments.

Quant aux textes qui nous restent sur l'histoire des Étrusques, ils émanent tous d'auteurs latins ou d'auteurs grecs, ils ont été souvent étudiés, reproduits et publiés, mais presque toujours, je pourrais même dire toujours sans critique, ils ont toujours été acceptés sans contrôle, tandis qu'à mon avis on ne doit accepter les témoignages des auteurs latins sur le peuple étrusque qu'avec une certaine réserve. Il faut se rappeler quel était le principe fondamental de la puissance romaine et que ce principe ne permettait pas de rendre justice aux vaincus, de sorte que, sans même en avoir conscience et cédant simplement au courant d'idées au milieu duquel ils se trouvaient placés, les historiens romains, peu exacts en ce qui les concernait eux-mêmes, devaient devenir très inexacts en ce qui concernait les autres. Je ne veux pas insister, cela me paraît absolument inutile, sur les incertitudes et les obscurités de l'histoire des temps primitifs de Rome (2) ; il paraît difficile que les his-

(1) L'on doit mentionner aussi en Angleterre les travaux de MM. Ellis, Taylor, lord Crawford et surtout ceux du consul de Palerme M. Dennis qui a donné une description si exacte et si complète des nécropoles étrusques.

(2) A vrai dire, l'histoire romaine primitive telle qu'on l'enseigne encore aujourd'hui, est de l'histoire à la façon d'Alexandre Dumas.

toriens de Rome aient pu se faire illusion à eux-mêmes lorsqu'ils reproduisaient littéralement les discours prononcés par des héros fabuleux dans des circonstances invraisemblables ; je me bornerai à citer un exemple de la mauvaise foi des historiens romains : tous ont parlé des succès remportés sur le roi de Chiusi, Porsena, qui avait été chassé des murs de Rome, et du traité glorieux pour la puissance romaine conclu à ce moment. Seulement une condition de ce traité, qui nous a été révélée et qui paraît avoir échappé à la vigilance de la vanité romaine, cet aveu consigné par Pline dans cette grande encyclopédie dont il est l'auteur et qui renferme tant de renseignements précieux. « In fœdere quod expulsis regibus populo romano dedit Porsena, nominatim comprehensum invenimus, *ne ferro nisi in agricultura uterentur.* » (Chap. 39.) Cet aveu nous montre quelle était la nature de la victoire remportée en cette occasion par le peuple romain. Cette clause interdisant l'emploi du fer, si ce n'est pour l'agriculture à ce peuple petit encore et qui n'existait que par le fer, et qui devait fonder sur le fer une si énorme puissance, cette clause révélée par Pline et confirmée par le témoignage de Tacite (1), jette un jour singulier sur la véracité des historiens de Rome. L'art de la divination est d'origine étrusque, et le plus illustre des Étrusques n'a-t-il pas été inspiré par l'art de la divination lorsqu'il a sanctionné dans un traité solennel l'interdiction du fer à ce petit peuple qui devait subjuguer

---

(1) *Dedita urbe* dit Tacite, et Valerius Maximus l. III, ch. 2 : A Porsena rege Etruscorum urbem nostram gravi ac diutino bello urgeri. — Beaufort est le premier qui ait signalé l'importance historique du passage de Pline, importance qui a échappé à tant d'historiens.

par le fer sa patrie, l'Étrurie, et avec l'Étrurie toute
l'Italie, et après l'Italie toutes les nations civilisées, et
après les nations civilisées tous les peuples barbares de
l'antiquité, jusqu'à ce qu'après avoir triomphé par le fer
cette grande puissance romaine tombât elle-même sous
le fer brutal d'Attila.

L'histoire des premiers siècles de Rome appartient
au domaine de la fable, de la légende, de la poésie, et
tout ce que l'on dit des peuples vaincus est inspiré par
ce principe de politique et de droit public qui a présidé
à la fondation et au développement de la puissance
romaine, que nous trouvons inscrit dans le plus ancien
monument de la législation romaine, dans la loi des
douze tables ; texte rapporté par Cicéron, *De officiis :*
« Adversus hostem æterna auctoritas esto. » Principe
que nous trouvons traduit sous une forme saisissante et
populaire dans cette devise du peuple romain, devise
empruntée, dit-on, à un chef gaulois, mais que Rome
s'est cruellement appropriée : *Væ victis.*

Qu'étaient les Romains à l'égard des Étrusques au
moment de la formation de la grandeur romaine ? Une
troupe de bandits vis-à-vis d'un peuple riche et civilisé,
et si les brigands établis sur les rives sauvages du Tibre
ont tout emprunté à la civilisation étrusque, ils ne
l'avoueront certainement pas, et ils s'efforceront d'étein-
dre jusqu'au souvenir du peuple auquel ils doivent tout.
Cela est conforme au principe de leur droit public, l'on
pourrait dire aussi conforme à leurs habitudes, n'en ont-
ils pas fait autant pour Carthage, pour la Grèce, pour
l'Égypte, dans la mesure où cela était possible ? L'on se
rappelle ce mot célèbre de Mummius au moment où,

vainqueur de la Grèce, il la dépouillait de toutes ses richesses et les faisait transporter à Rome pour obéir aux ordres du Sénat. « Mummius tam rudis fuit, » dit Velleius Paterculus, « ut capta Corintho, cum maximorum artificum perfectas manibus tabulas ac statuas in Italiam portandas locaret, juberet prædici conducentibus, si eas perdidissent, *novas eos reddituros.* » Il était de bonne foi en menaçant les transporteurs de leur faire faire des tableaux de Zeuxis et des statues de Praxitèle, s'ils les laissaient s'égarer, et Velleius Paterculus ajoute que cette grossièreté de Mummius était conforme à la grandeur romaine, *decori publico conveniens.*

A cause de cet esprit exclusif des Romains prenant pour point de départ que la grandeur romaine est unique et née d'elle-même, et ne doit rien à personne, je n'accepte qu'avec une certaine défiance les témoignages des auteurs latins contraires aux Étrusques, tandis qu'à mon avis les témoignages favorables peuvent être accueillis sans réserve.

CHAPITRE II

LES MOTS ÉTRUSQUES LAR ET LUCUMO

LA défiance que peut m'inspirer l'impartialité des auteurs latins à l'égard des Étrusques ne m'a pas empêché de les étudier à fond, de les lire, de les analyser, d'en recueillir tous les extraits ainsi que pour les auteurs grecs, mais en contrôlant leurs assertions par l'étude des inscriptions et des monuments, sans accepter, — je dois l'avouer, — aucune des théories formées de seconde main et admises généralement. Je peux citer un exemple de ces théories généralement admises et que je n'hésite pas à attaquer.

La lecture et l'étude des inscriptions sur lesquelles je m'expliquerai avec détails, démontre, à mon avis, d'une manière certaine l'inexactitude de l'interprétation des mots étrusques « Lar » et « Lucumon », admise déjà depuis longtemps par tous les livres et reproduite dans les ouvrages les plus récents par les historiens les plus estimables de l'antiquité romaine. Cette interprétation

admise par les historiens de l'Étrurie comme par ceux de
Rome, qui transforme le mot « lar » en un titre de noblesse analogue au titre de comte, ou tout au moins en
une indication d'origine aristocratique, ou en signe de
dignité ; cette interprétation, à mon avis, est démentie
absolument par l'étude des inscriptions. Cette interprétation est née probablement de ce que certains personnages importants d'Étrurie, notamment le plus célèbre
de tous, le roi Porsena, portait le prénom de *lar ;* mais
la lecture et le relevé des inscriptions démontre d'une
manière irréfragable que le mot « lar », au féminin « larthia » :

ıθԳA⅃ : ᗡA⅃

n'était qu'un prénom en Étrurie, le prénom le plus répandu, plus encore que ne l'est chez nous le nom de
Jean ou celui de Jeanne. Quelques auteurs sont allés
plus loin dans leurs interprétations fantaisistes, et ils ont
allégué que si « lar » indiquait un titre de noblesse correspondant à peu près au titre de comte, le mot « aruns »
indiquait un degré de noblesse inférieur, un titre ou
un nom aristocratique qui serait donné au plus jeune,
tandis que le nom « lar » désignerait l'aîné dans les
familles aristocratiques, dans les familles de Lucumons ;
cette assertion est absolument fausse, ne repose sur aucun témoignage et se trouve contredite comme pour le
mot « lar » par un grand nombre d'inscriptions, où le
mot « aruns », au féminin « aruntia » :

AıθИԳA : ΘИԳA

se trouve employé comme prénom, et prénom presque

aussi répandu que « lar » et « larthia », au point de se rencontrer dans plus de trois ou quatre cents inscriptions funéraires.

On est allé plus loin encore dans cette interprétation des mots étrusques : on avait fait du mot « lar » un titre de noblesse, on a donné au mot « Lucumon », Luchmu ou Luchmeu en étrusque :

$$\vee \text{M} \downarrow \vee \text{J}$$

la signification de prince ou de roi, et l'on a appelé les royaumes ou principautés étrusques des Lùcumonies ; partout vous voyez ces termes de Lucumons et de Lucumonies étrusques. En ce qui concerne cette interprétation du mot étrusque Luchmeu, je suis moins affirmatif qu'à propos des mots « lar ou larth », et « arnth ou arns », parce que je rencontre ici deux témoignages d'auteurs latins, deux passages de Servius et un passage de Censorinus qui donnent ce sens au mot Lucumon, le passage de Servius est assez explicite : « Tuscia duodecim Lucumones habuit, id est reges quibus unus præerat. (ŒNEIDE. VIII, 475.) » Et dans un autre endroit : « Propter duodecim populos Tusciæ. Duodecim enim Lucumones, qui reges sunt lingua Tuscorum, habebant. (ŒNEIDE, II, 678.) ».

Mais l'on doit remarquer d'abord que seuls, de tous les auteurs grecs ou latins qui ont parlé des Étrusques, seuls Servius et Censorinus, auteurs relativement récents, ont donné ce sens au mot Lucumon, et que ces deux auteurs n'ont pas une grande autorité, Servius, le plus explicite et le plus important, est une sorte d'auteur anonyme; Servius a réellement existé, ████████ Macrobe en parlent avec certains détails. C'était un grammairien qui a fait un commentaire de Virgile, mais on a mis sous son nom un grand nombre d'annotations douteuses que l'on a appelées assez justement *la masse de Servius*. En tout cas, et en admettant l'authenticité et l'autorité du témoignage de Servius et de Censorinus, il en résulterait simplement, à mon avis, que l'erreur attribuant au mot *Lucumo* le sens de roi était une erreur ancienne, une erreur populaire peut-être, que les historiens n'auraient pas dû accepter sans examen ni contrôle. Le mot Lucumo, en étrusque Luchmeu, Luchmu, — cela ne peut être contesté par aucun étruscologue (1), — est un prénom, beaucoup moins répandu que Lar ou Aruns, mais que l'on rencontre dans un certain nombre d'inscriptions, — quelquefois sous la forme abrégée l. q. ↓ ↲, tandis que l'abréviation de « lar » est ↲ ou ⊖↲ et de « aruns » ⊖ Ʌ l'Ʌ isolé désignant Aule, Aulus. — Ce prénom, les Romains l'ont adopté en l'altérant et en lui donnant la forme de Lucius, ainsi que le constate Varron, et si jamais Lucumo a voulu dire roi et Lucumonie royaume, suivant mon opinion, c'est uniquement parce que le premier roi étrusque de Rome s'appelait Lucumo, Lucius Tarquin, que ce prénom a servi plus tard à désigner les rois étrusques ; on a transformé le nom propre en nom commun, comme on a fait pour César, par exemple, qui est devenu synonyme du mot empereur. C'est dans la tradition qui fait venir à Rome un puissant et riche Lucumo d'Étrurie, et y obtenir la dignité royale, que je trouve l'origine de cette appellation. Comme le dit Tite-Live

---

(1) Mot employé par M. Maury (*Journal des Savants*, 1869).

(liv. I, chap. 34) : « Anco regnante, Lucumo vir impiger ac divitiis potens, Romam commigravit... Damarati Corinthii filius erat ; qui ob seditiones domo profugus, quum Tarquiniis forte consedisset, uxore ibi ducta, duos filios genuit. Nomina his Lucumo atque Aruns fuerunt. Lucumo superfuit patri, etc. » Macrobe parle en termes identiques de l'arrivée à Rome de Lucumo, Lucius Tarquin : « Sed postea Tarquinius Demarati exsulis Corinthii filius priscus, quem quidam Lucumonem vocitatum ferunt, rex tertius ab Hostilio, quintus a Romulo, etc. » (Ch. VI, Saturnal ; liv. I) ; Denys d'Halicarnasse (liv. III, chap. XLVIII), Strabon (liv. V, chap. II, p. 2) représentent l'arrivée à Rome de Lucumo Tarquin, dont les Romains changèrent le nom en Lucius Tarquinius Priscus.

Plus tard on a fait de ce nom de Lucumo une expression de dérision et de mépris, conformément à l'esprit politique exclusif du peuple romain. Le mot Lucumo est devenu une sorte d'injure : « Lucumones quidam homines ob insaniam dicti », dit Paul Diacre ; et le roi étrusque était représenté, ainsi que l'atteste ce même auteur, comme un personnage dérisoire dans des fêtes solennelles, et tourné en ridicule dans les jeux capitolins. « Alius alio nequior. » Pour amuser le peuple, on amenait un vieillard d'un aspect misérable, portant la robe prétexte et la bulle d'or, et figurant le dernier roi étrusque que l'on mettait en vente aux applaudissements de la populace. « Ludis Capitolinis, auctio Velentium fieri solet, *producitur senex cum toga prætexta, bullaque aurea, quo cultu reges soliti sunt esse Etruscorum,* qui Sardi appellantur quia Etrusca gens orta est Sardibus ex Lydia.

Tyrrhenus enim inde profectus cum magna manu eorum, occupavit eam partem Italiæ quæ vocatur Etruria. » L'identité du prénom de Lucumo ou Lucomo avec Lucius est encore démontrée par Festus à propos du mot Lucomedi : « Lucomedi a duce Suo dicti qui postea Lucerenses appellati sunt. » Tous les auteurs, du reste, sont d'accord sur ce point : Dans son court traité « de Nominum ratione », Valerius Maximus dit que le prénom romain Lucius vient du prénom étrusque Lucumo, suivant les uns, suivant les autres du mot « lux ». Varron également, à propos de la division de l' « ager romanus » entre les trois tribus des Tatienses, Ramneuses et Luceres, dit que le nom de Luceres vient de Lucumo : « Luceres, ut ait Junius a Lucumone, sed omnia hæc vocabula Tusca ut Volnius qui tragædias tuscas scripsit dicebat. »

Le mot étrusque Lucumo, c'est-à-dire Luchmu ou Luchmeu, qui se rencontre dans un certain nombre d'inscriptions étrusques, ne figure jamais que comme prénom, même dans cette inscription d'un ancien anneau étrusque appartenant au marquis Carlo Strozzi, laquelle a été l'objet de lectures et d'interprétations différentes de la part de MM. Fabretti, Conestabile et Gammini ; mais jamais, à mon avis, chez les Étrusques, Lucumo n'a été autre chose qu'un prénom, prénom beaucoup moins répandu que « lar » ou « aruns », et n'a jamais eu le sens de roi, pas plus qu'il n'y a eu un mot dérivé signifiant royaume, et ce qui prouve encore que Lucumo n'a pu avoir le sens de roi que tardivement, et par une acception populaire, c'est que jamais, lorsqu'il s'est agi d'un roi étrusque, aucun auteur latin (1), Servius lui-même ou Censorinus, aucun n'a employé le mot Lucumo au lieu de Rex, jamais par exemple, à aucune époque, le roi Porsena ou le roi Mezence, personnages dont le nom est cité très souvent par les différents écrivains romains ou grecs, jamais ils n'ont été appelés le Lucumon Porsena ou le Lucumon Mezence, si ce n'est par des auteurs modernes. C'est donc à tort, selon moi, que les historiens modernes parlent avec une certaine prétention savante des Lucumons ou des Lucumonies étrusques, en ayant soin d'expliquer au vulgaire qu'en langue étrusque Lucumo veut dire roi et Lucumonie royaume ou principauté.

(1) Virgile, par exemple, lorsqu'il parle de rois ou de chefs étrusques n'emploie jamais ce terme de Lucumo, il ne donne ce prétendu titre ni à Osinius roi de Clusium, ni à Massicus de Cosa, ni à Asilas de Pise, ni à Abas de Populonie, ni à aucun des autres chefs étrusques, Cygnus, Ocnus ou Astur. — Qua rex Clusinis advectus Osinius oris.

Paris. — Typ. G. Chamerot, 19, rue des Saints-Pères. — 13687.

DEUXIÈME ÉTUDE

LUE DEVANT L'ACADÉMIE DES INSCRIPTIONS ET BELLES-LETTRES
A LA SÉANCE DU 2 MAI 1884

LA CIVILISATION ÉTRUSQUE D'APRÈS LES MONUMENTS

L'ÉTUDE de l'antiquité étrusque est loin d'être indifférente, comme on pourrait le supposer, à l'histoire de la civilisation française. Tant de choses ont passé dans nos mœurs, sous le couvert du nom romain, qui sont purement étrusques ; je peux citer comme exemple le premier sujet dont je m'occuperai, les noms de famille, qui forment encore aujourd'hui un des principaux éléments de la constitution de la famille, un élément essentiel de notre société moderne, et l'usage des noms de famille est d'origine étrusque.

Il me paraît établi par les textes et par les monuments, contrairement à la thèse du célèbre historien

M. Mommsen, que la civilisation romaine est née de la civilisation étrusque. Si Rome a subi l'influence de la Grèce, si la civilisation romaine est devenue grecque, c'est à une époque postérieure ; lorsque les Romains eurent assujetti les Grecs par les armes, les Grecs à leur tour firent passer les Romains sous le joug de leur génie littéraire et artistique, et alors l'influence étrusque, jusque-là toute-puissante dans les mœurs et dans les arts, s'effaça peu à peu au point d'être oubliée et niée, sans cependant réellement disparaître.

Jusqu'à la conquête de Rome par la civilisation grecque, presque tout était étrusque à Rome ; on le comprend, en effet, la bande armée établie dans les marais des bords du Tibre, enrichie peu à peu par le pillage des opulentes villes étrusques au milieu desquelles elle s'était placée, cette troupe de bandits, qu'elle ait eu successivement pour chefs des capitaines d'origine latine ou des déserteurs étrusques, comme Mastarna ou Vibenna, n'a rien pu créer au point de vue artistique, industriel, législatif, religieux ; seulement elle s'est approprié les mœurs, les lois, les arts des vaincus, en mettant sur toutes ces richesses, sur cette civilisation le sceau de son épée et en lui imprimant le cachet de son génie propre, chose que n'ont pas su faire les Barbares qui plus tard ont abattu la puissance romaine.

Si les Romains n'avaient pas à l'origine le goût des lettres et le sentiment des arts qu'ils acquirent plus tard, ils manifestèrent de bonne heure, il faut le reconnaître, un grand esprit juridique et une puissance d'organisation qui leur permirent de conserver toutes les conquêtes acquises par la force des armes ; seulement pour élever ce grand monument de la puissance romaine, les Romains ont beaucoup emprunté à leurs voisins et surtout aux plus riches et aux plus civilisés d'entre eux, les Étrusques. ·

Avant d'aborder le sujet difficile et jusqu'ici inexploré de ces études, sans examiner dans son ensemble la civilisation étrusque, je dois jeter un coup d'œil rapide sur les vestiges qui nous restent, débris conservés jusqu'à ce jour de cette antique civilisation, quitte à revenir plus tard sur la langue, l'architecture, les beaux-arts et l'industrie des Étrusques qui ont déjà été l'objet de nombreuses recherches scientifiques, mais sur lesquels les découvertes importantes récemment faites dans les nécropoles étrusques ont apporté de précieux renseignements.

Nous pouvons apprécier l'importance du développement artistique et industriel des Étrusques par les deux côtés extrêmes de l'art, par ce qu'il a produit de plus grand et par ce qu'il a produit de plus petit; d'abord par des constructions massives de pierres de dimensions tellement colossales qu'elles dépassent l'imagination et paraissent l'œuvre d'une race différente de la nôtre, ensuite par des bijoux de métaux précieux d'une perfection si achevée dans des détails presque imperceptibles à l'œil, que la bijouterie moderne n'a rien pu produire d'équivalent, tel est du moins le sentiment du juge le plus compétent en ces matières, M. Al. Castellani, de Rome, opinion développée et justifiée dans un Mémoire qu'il a présenté à l'Académie des inscriptions, le 20 décembre 1860. Il déclare, en effet, voir sortir avec étonnement des nécropoles oubliées de l'Étrurie des bijoux travaillés avec une perfection que tous les raffinements de notre civilisation, dit-il, non seulement ne peuvent imiter, mais dont ils ne sauraient même expliquer théoriquement la méthode; il ajoute qu'il a fait vainement de savantes recherches pour trouver le moyen de souder ensemble tant de pièces rapportées d'une ténuité incomparable, les granules notamment, ces petites perles presque invisibles qui jouent un rôle si important dans l'ornementation des bijoux antiques, et il révèle que c'est seulement presque par hasard, dans un coin reculé des Marches, à Sant' Angelo in Vado, petite localité cachée au fond des Apennins, loin de tout centre de la civilisation moderne, qu'il a trouvé encore en usage certains procédés employés par les Étrusques (page 5 du Mémoire). Grâce à cette découverte, Castellani est arrivé, en employant d'habiles ouvriers, à ressusciter presque l'art ancien; toutefois, il avoue en toute humilité que, bien qu'ayant employé des mains féminines pour la pose et la soudure de cette petite granulation qui court en cordonnets sur la plupart des bijoux étrusques, il n'a pu atteindre la perfection de certaines œuvres antiques, et il est convaincu que les Étrusques avaient pour fixer ces méandres quelque procédé chimique encore inconnu.

Quant à l'architecture étrusque, elle frappe les yeux et excite l'admiration plus facilement que les petits chefs-d'œuvre de la bijouterie; il n'est personne qui, en contemplant les énormes murailles construites sans ciment de Volterra, de Cortone, de Perugia, de Fiesole ou d'une autre quelconque des anciennes villes étrusques, n'ait été frappé d'étonnement; il n'est pas un archéologue qui n'ait frémi en voyant apparaître à ses yeux les marques presque indestructibles d'une civilisation étrange et puissante, civilisation d'un peuple qui construisait avec des rochers comme nous construisons avec des cailloux! Les ruines étrusques présentent un aspect plus saisissant encore dans les anciennes villes abandonnées dont l'enceinte entière a été conservée; tandis que, dans les villes encore habitées, l'on est forcé de séparer par la pensée les murailles primitives de tout ce qui y a été ajouté par la suite. Seulement, la visite des villes abandonnées n'a pas lieu sans difficulté, ces ruines imposantes se trouvant presque toujours dans des contrées absolument désertes, infestées par la malaria; l'on ne peut guère aborder ces ruines qu'à cheval à cause des ronces et des épaisses broussailles dont elles sont environnées, sans même un sentier de chèvres pour guider ses pas, sans que l'on rencontre d'autres habitants que des animaux sauvages ou des troupeaux de cette magnifique race bovine à longues cornes des Romagnes que l'on parque aujourd'hui dans l'enceinte des anciennes villes étrusques, dont ils sont du reste de très dignes et pittoresques citoyens, mais peu hospitaliers, et qu'on ne doit aborder qu'avec politesse et précaution. J'ai visité récemment trois ou quatre de ces villes antiques; celles dont l'enceinte est conservée sans interruption sont Cosa (Ansedonia) et Rusellæ, et j'ai beaucoup admiré les colossales murailles étrusques de deux milles de longueur environ ouvertes par trois portes colossales (1), près desquelles on reconnaît les

(1) *Prudentes Etruscæ disciplinæ aiunt apud conditores etruscarum urbium non putatas justas urbes fuisse, in quibus non tres portæ essent*

fondations de tours de défense également en maçonnerie cyclopéenne et l'ouverture de rues bordées de palais. L'impression que produit ce spectacle est assez vive pour faire oublier les fatigues et les difficultés de l'excursion, surtout lorsque, comme à Ansedonia, du haut des murailles d'enceinte on découvre un des plus beaux points de vue du monde, comparable à la vue du golfe de Naples : en face de soi la mer bleue, à ses pieds les vertes campagnes aussi belles que malsaines des rives toscanes, et sur la droite, la Venise des Étrusques, Orbitello, des îles verdoyantes et l'énorme masse éclatante du Monte Argentaro.

Les restes des tours et des constructions de défense à formes cintrées sont mieux conservés encore à Cosa qu'à Ruselle. Mais, dans ces deux villes également, l'enceinte fortifiée extérieure des murailles subsiste jusqu'à une hauteur qui varie entre cinq et dix mètres environ.

Ces murailles sont construites d'après le système étrusque ou pélasgique, formées de blocs énormes de pierre ajustés sans ciment, blocs mesurant une longueur de deux ou trois mètres sur une largeur d'un mètre. Ces blocs sont alternativement de formes polygonales ou rectangulaires ; quelquefois les deux types se rencontrent dans les mêmes murailles, et je ne suis pas d'avis que cette différence de forme implique une différence d'origine ni même d'époque ; c'est là, du reste, une question qui a été fort controversée. On peut juger du système de construction des murailles de

<hr>

dedicatæ et votativæ et tot templa Jovis, Junonis, Minervæ ait Servius. Œ., I, 422.

Cosa d'après les murailles, bien connues des voyageurs, de Fiesole, de Cortona, de Cervetri, de Volterra et des autres villes étrusques facilement accessibles.

Il est une ville de ce genre que beaucoup de voyageurs ont pu apercevoir de loin, qui renferme aujourd'hui une population de plus de deux mille habitants et dont les murailles antiques n'ont pas été appréciées autant qu'elles le méritent à mon avis, je veux parler de la Venise des Étrusques qui porte aujourd'hui le nom d'Orbitello et qui était le port de Cosa. Si l'on a si peu vu ces murailles et si l'on en a si peu parlé, c'est, je crois, parce qu'on ne peut les voir et les apprécier qu'en barque ; il faut pour cela monter dans une de ces barques étroites et légères des pêcheurs d'Orbitello et faire tout le tour de la ville étrusque à côté de laquelle on a placé au moyen âge une énorme citadelle. Ces murailles sont encore aujourd'hui ce qu'elles étaient il y a deux mille quatre cents ans, trempant leur pied dans la mer, et n'ont subi de restaurations que dans leur partie supérieure. Orbitello était à mon avis le Portus Cosa, Portus Cosanus, si souvent cité par les anciens, et qu'il ne faut pas confondre avec Portus Herculis, cité distinctement par les auteurs, aujourd'hui Porte Ercole (1) ; et si l'on a pu comprendre quelquefois Portus Herculis sous le nom de pòrt de Cosa, c'est à cause de son peu d'importance, comme on a pu appeler Malamocco, port de Venise. On a discuté sur la situation de Cosa, mais il ne peut y avoir de doute en

____

(1) Voir à ce sujet la savante édition de la carte de Peutinger, par M. Desjardins.

présence de la description exacte du site donnée par Strabon. Il est à remarquer que Strabon, en grec, comme Virgile en latin, les deux principaux des rares auteurs ayant parlé de Cosa, mettent ce nom au pluriel Κόσσαι, Κοσσῶν et *Cosas ;* n'est-ce point pour désigner la ville supérieure, Ansedonia, et la ville inférieure, le port : deux villes à mon avis indiquées distinctement sur la carte de Peutinger, l'une sous le nom de Cosa et l'autre sous le nom de Succosa.

L'architecture étrusque s'est conservée, je crois, plus qu'on ne le suppose et nous pouvons, à mon avis, l'admirer encore dans les vieux palais de Florence, du *Borgo degli Albizzi,* dans ceux de Pise, de Sienne, etc. On y retrouve ce caractère massif et colossal des murailles étrusques, et une grande analogie avec la construction des tombeaux de pierre des nécropoles récemment découvertes. La muraille du palais Strozzi est une muraille de style étrusque, et la *Porta all' Arco* de Volterra, qui date de plus de deux mille ans, présente beaucoup d'analogie avec les portes de palais toscans du moyen âge ; le pavé toscan composé de masses énormes est une sorte de muraille étrusque, et les égouts récemment construits ne diffèrent pas beaucoup, si ce n'est quant à la solidité, du plus ancien égout étrusque qui nous reste, la *Cloaca maxima,* qui n'a pas été refait depuis deux mille ans et qui fonctionne encore aujourd'hui comme au temps de Tarquin.

Vitruve, du reste, met l'architecture étrusque en parallèle avec l'architecture grecque, après avoir parlé de l'ordre ionique, de l'ordre dorique et de l'ordre corinthien, « de doricis, ionicis, corinthiisque operibus,

nunc de tuscanicis dispositionibus quemadmodum insti-
tui oporteat dicam », déclare Vitruve, et, comme pour
l'architecture grecque, il indique pour l'architecture
étrusque quelles doivent être les dimensions et les
proportions des colonnes ; il enseigne comment doit
être disposé le fronton, en prescrivant pour le toit une
inclinaison égale à celle du fronton lui-même. Les tombeaux étrusques, ces temples funèbres qui nous ont été
conservés, présentent la même disposition.

La belle distribution des maisons de particuliers caractérisée par l'atrium qui s'est transformé peu à peu en
cour intérieure avec arcades dans les palais pisans, sien-
nois et florentins ; cette distribution, d'après Vitruve,
Varron et tous les auteurs anciens, est d'origine étrusque,
elle était inconnue à la Grèce : « *Atriis Græci non
utuntur,* dit Vitruve , *ab janua introeuntibus itinera
faciunt latitudinibus non spatiosis. Ceteris conclavibus
etiam atriis et peristyliis constitutæ sunt ab antiquis ex
certis rebus certæ rationes picturarum* (1). » L'atrium et
le péristyle, comme le mentionne Vitruve, sont le plus
souvent ornés de peintures dont les sujets sont empruntés
aux légendes populaires : *trojanas pugnas seu Ulyssis
errationes, in foro autem discos tenentes aut currentes
aut pila ludentes* (l. XII, c 5). Les mêmes sujets se
retrouvent dans les tombeaux étrusques, et je suis porté
à voir dans les peintres qui décoraient, au temps de
Vitruve, les atriums ou les péristyles des maisons des
chevaliers romains, des artistes de l'école étrusque ; du

____

(1) « *Atrium apellatum ab atriatibus Tuscis; illinc enim exemplum
sumptum* », dit Varron. *Dictum autem atrium vel quia id genus œdificii
Atriæ primum in Hetruria sit institutum.*

reste, les peintures murales de Pompéi ont beaucoup d'analogie avec certaines peintures des tombeaux de Tarquinii, de Vulsinii ou de Chiusi. Cette école d'artistes pour faire plus vite et à meilleur marché devait reproduire le plus souvent des sujets empruntés à leurs maîtres les Étrusques, car la description que nous donne Vitruve se rapporte exactement.à la décoration de certains tombeaux. Ces peintures n'ont le plus souvent aucun rapport avec la destination des édifices, et Vitruve critique vivement ce défaut d'appropriation ; il constate même que l'on choisit souvent pour décorer, soit des temples consacrés aux Dieux soit des maisons de particuliers, les sujets qui conviennent le moins; il appelle ce défaut *vitium indecentiæ* et il le condamne sévèrement. Cet usage de n'attacher d'importance qu'au plaisir des yeux dans la décoration artistique des monuments sans. tenir aucun compte des sujets représentés, montre combien est dangereuse soit pour la théologie, soit pour les mœurs, soit pour l'histoire, l'interprétation des monuments figurés de l'antiquité étrusque ou romaine. On risque de s'égarer lorsque l'ont veut, comme l'ont fait souvent des savants, reconnaître dans chaque image figurée un symbole. L'antique Sorbonne disait du reste avec sagesse, comme nous le rapporte Agrippa d'Aubigné : *Theologia allegorica non est argumentativa.*

Vitruve, qui relate cette ancienne prescription des aruspices étrusques de placer en dehors de la ville les temples de Vénus, de Mars et de Vulcain, aurait pu rapporter aussi avec éloge cet ancien usage des Étrusques, que l'on cherche dans l'intérêt de la santé publique à remettre en vigueur aujourd'hui, de placer la ville des morts à une certaine distance de la ville des vivants. Dans la plupart des cités étrusques, la nécropole, la ville des tombeaux, se trouvait assez éloignée des portes de la ville, le plus souvent, comme à Tarquinii, par exemple, placée sur une hauteur voisine faisant pendant à la hauteur escarpée sur laquelle se trouvait placée la ville elle-même. Cet usage a laissé sa trace dans une disposition de la loi des XII Tables ; table X : *hominem mortuum, in urbe ne sepelito neve urito* (1).

Les sujets traités en haut et bas-relief qui ornent les tombeaux et les sarcophages étrusques sont souvent empruntés à la Grèce, particulièrement à l'*Iliade* et à l'*Odyssée*. Les légendes poétiques de la Grèce et de la Troade étaient chantées ou racontées par les nautoniers débarquant en Étrurie, et les sculpteurs étrusques reproduisaient ces récits poétiques, ces belles légendes des pays d'outremer qui avaient frappé leur imagination. Je suis bien loin de croire qu'au point de vue artistique et au point de ,vuelittéraire surtout, les Étrusques aient jamais atteint le même degré de perfection que les Grecs, mais je crois qu'il l'ont emporté sur eux au point de vue industriel ; ils ont été à mon avis les plus savants ingénieurs, les plus habiles artisans de l'antiquité et, malgré les désastres et des ruines qui ont fait disparaître toutes leurs villes, ils ont laissé, rien que dans leurs tombeaux, un plus grand nombre de produits artistiques de diverse nature que n'en laisserait une de nos puissantes civilisations modernes, si comme la civilisation étrusque elle dispa-

---

(1) Disposition analogue de la loi Sempronia : *Sepulcra extremis finibus circa Decumanos et cardines qui vicem itineris publici teneant, collocantur.*

raissait tout entière sans laisser d'autre trace derrière elle que ses tombeaux.

D'après ces tombeaux, nous pouvons affirmer non seulement qu'il y a eu un art étrusque, mais encore qu'il y a eu de grandes variétés dans l'art étrusque et que chaque cité importante d'Étrurie avait fourni une école d'artistes. Il est impossible, par exemple, pour un archéologue de ne pas discerner au premier coup d'œil dans un musée si un sarcophage provient de Corneto, de Chiusi, de Cervetri ou de Volterra ; dans ces sarcophages qui portent des inscriptions semblables et qui représentent les mêmes sujets, tout est analogue et cependant tout est différent.

La plupart des nécropoles étrusques sont placées sous terre et ne se trahissent à l'extérieur que par des cippes funéraires portant le nom de la famille; ce cippe se trouve partout où la sépulture a été construite de main d'homme comme à Orvieto où chaque tombeau forme un temple construit dans le même style que les murailles extérieures des villes et dont le point culminant se trouve en dehors de terre. Plus souvent encore, les sépultures sont creusées dans le roc et présentent, comme dans les tombes de Cervetri dites *del tempietto* et des *bassi rilievi* ou dans plusieurs tombes de Tarquinii, l'aspect d'une chapelle souterraine avec colonnes, chapiteaux, sculptures, bas-reliefs et peintures. Dans certaines régions comme à Tarquinii, presque toutes les tombes sont ornées de peintures, et l'on peut dire que la nécropole de Monterosi est le musée de peinture le plus considérable et le plus remarquable que nous ait laissé l'antiquité.

Quelquefois, lorsque la situation des lieux le permet,

comme à Norchia et à Castel d'Asso, où la nécropole se trouve placée dans des rochers formant amphithéâtre autour d'une vallée, bien que les tombes soient souterraines et creusées dans le roc, elles ne restent pas cachées aux yeux; elles présentent au contraire sur la vallée des façades sculptées portant le nom de famille en caractères gravés, au milieu d'ornements de grand style figurant des portes de palais d'un aspect monumental.

NOTE SUR L'ARCHITECTURE ÉTRUSQUE

Vitruve, en exposant les éléments de l'architecture étrusque ou de l'ordre toscan, a négligé, à mon humble avis, l'élément principal, celui qui a fait une révolution dans l'art, l'emploi du cintre et des formes arrondies, tandis que ce qui caractérise l'art grec, c'est la ligne droite et les formes carrées. La voûte a été employée pour la construction des ponts par ces habiles ingénieurs, les *Pontifices,* dont le nom est resté un nom sacré; en tout cas, le plus ancien monument voûté qui existe dans son intégrité, et qui existe depuis plus de deux mille ans, la *Cloaca maxima,* a été construit par les Étrusques; nous trouvons en outre des voûtes dans toutes les anciennes villes et dans presque toutes les nécropoles étrusques : il me suffira de citer un monument que tout le monde connaît, beaucoup plus ancien que la Cloaca maxima, la Porta all' Arco de Volterra, et plusieurs de ces voûtes affectent une forme ogivale, comme dans la tombe Regulini de Cervetri, dans la tombe Pacianese de Chiusi, et dans plusieurs tombeaux d'Orvieto. La voûte et le cintre sont, dans l'architecture actuelle comme dans l'architecture étrusque, le principal élément d'élégance et de solidité. La voûte et le cintre ont été utilisés à diverses époques, soit dans leur forme primitive, soit sous la forme ogivale, par l'architecture française qui a produit des chefs-d'œuvre de premier ordre aux xv⁰ et xvi⁰ siècles, et l'on comprend difficilement comment une mode non raisonnée a pu, au commencement de ce siècle, faire dévier l'art français et le lancer dans une imitation irréfléchie de l'art grec au point d'enfanter un nombre considérable d'églises, de palais de la Bourse et surtout de palais de justice ayant coûté des sommes énormes, tous construits sur le modèle uniforme du temple grec, qui seraient peut-être à leur place sur les bords de l'Eurotas ou de l'Ilissus, mais qui ne conviennent pas du tout à notre climat, sont incommodes à l'usage dans notre pays et produisent un effet ridicule sur les bords de la Seine, de la Loire, de la Saône ou de la Deule.

A mon avis, si Vitruve n'a pas parlé de la voûte et du cintre en s'occupant de l'architecture étrusque, c'est qu'il n'en voyait aucun modèle autour de lui, c'est qu'à l'époque où il écrivait tout était grec à Rome, et tous ou presque tous les monuments étaient conçus et exécutés suivant les préceptes de l'art grec, très bien adapté du reste au climat et aux mœurs de Rome. L'art étrusque, à cette époque, n'existait déjà plus que dans des bourgades éloignées ou dans des villes en ruines. Je le reconnais du reste facilement, l'architecture et la sculpture étrusques sont loin d'avoir atteint le même degré de perfection que l'architecture et la sculpture grecques ; seulement l'architecture étrusque a créé une école différente dont l'influence s'est heureusement fait sentir au moyen âge et à la Renaissance. Les magnifiques demeures de rois, de princes et même de simples bourgeois, qu'a créées la Renaissance, avec leurs fenêtres cintrées ou ogivales, leurs tours carrées ou rondes, et leur aspect d'élégantes forteresses, ont bien plus de ressemblance avec les palais toscans qu'avec aucun monument de l'art grec.

NOTE SUR LA PEINTURE ÉTRUSQUE

La nécropole de Monterosi renferme des peintures de différentes époques et de différents styles, depuis les œuvres primitives analogues aux peintures égyptiennes jusqu'à des œuvres plus récentes qui, comme celles de Pompéi, pourraient rivaliser de grâce et de finesse avec les peintures modernes les plus séduisantes. Je citerai dans ce genre les peintures de la tombe *della Pulcella*, du tombeau des *Leonesse*, de la tombe *dell'orco*, particulièrement pour la tête de Larthia Velka, celles du *Triclinio*, celles de la tombe *Golini*, celles de la tombe *della Scimmia* dans une autre région. Quant aux sujets de ces peintures, ils sont en général sans intérêt pour l'histoire, ils ne paraissent même se rattacher en rien à l'his-

toire de la famille dont ces peintures ornent le tombeau,
à moins que l'on ait choisi des sujets aquatiques pour la
tombe d'un amateur de pêche, des luttes équestres pour
un amateur de sport, des épisodes de chasse pour un
chasseur, mais cela ne paraît guère vraisemblable. Les
sujets semblent plutôt choisis au hasard, ce sont le plus
souvent des jeux, des luttes, des courses entre chars
attelés de deux ou quatre chevaux, biges ou quadriges;
souvent des chants, des danses; les plus intéressants
parmi les sujets des tombes de Tarquinii, et les plus heureusement traités sont les banquets auxquels assiste toute
la famille : au milieu se trouve le chef de famille, ayant
à côté de lui des femmes élégantes dont la coiffure aux
mèches tombant sur les yeux ressemble beaucoup à la
coiffure à la mode aujourd'hui; la table est brillamment
servie, de nombreux vases renferment des boissons de
choix, près de là sont des serviteurs empressés, d'un autre
côté des histrions, des danseuses et des musiciens joueurs
de flûte, de cithare, ou de trompes très allongées.

J'ai l'intention de revenir, du reste, sur la description
de ces peintures récemment découvertes en général et
pour lesquelles l'influence de l'air extérieur et de l'humidité est pernicieuse; plusieurs même ont déjà disparu et
quelques vestiges en restent soit sur les lieux mêmes,
soit dans des collections, au Vatican, au Louvre ou dans
le petit musée du palais Bruschi, à Cornęto.

La conservation de ces monuments précieux présente
beaucoup de difficultés; on a fait des travaux importants
dans ces dernières années, sous la direction intelligente
de M. le sénateur Fiorelli; cependant l'on remarque
d'une année à l'autre bien des dégâts nouveaux; cette

année, j'avais de l'eau jusqu'à mi-jambe pour visiter la célèbre tombe des Tarquins à Cœre et, sous l'influence de l'humidité, dans beaucoup d'endroits la précieuse inscription du nom de Tarquin : ΛΗↆᗡΛϮ pouvait à peine se reconnaître.

Paris. — Typ. Georges Chamerot, 19, rue des Saints-Pères. — 16198.

TROISIÈME ÉTUDE

LUE DEVANT L'ACADÉMIE DES INSCRIPTIONS ET BELLES-LETTRES

A LA SÉANCE DU 16 MAI 1884

LES NOMS DE FAMILLE ÉTRUSQUES
ET LES INSCRIPTIONS BILINGUES

LA question des origines étrusques du droit romain, question inexplorée jusqu'à ce jour, est loin d'être sans intérêt pour l'histoire du droit français. L'on ne peut nier l'importance du droit romain : c'est le droit romain qui encore aujourd'hui, à l'heure présente, en l'année 1884, sert de base à notre civilisation, le droit romain formant le fond de nos lois et n'ayant été que légèrement modifié par le Code civil français et par les autres codes récents, faits sur son modèle, dont un grand nombre d'articles ne sont que la traduction littérale des extraits du Digeste.

La civilisation s'atteste par la constitution de la famille et de la propriété, et surtout par la jouissance de la liberté individuelle qui a pour corollaire une répression rigoureuse des atteintes portées au droit de sécurité personnelle et à l'ordre public.

Le writ d'*habeas corpus,* qui était dans les derniers siècles la marque du respect le plus complet du droit et la preuve de la civilisation la plus avancée, n'est que la traduction moderne de l'interdit romain *de libero homine exhibendo.*

Quant à la propriété, assise par le droit romain sur des bases inébranlables, légèrement altérées dans les temps de barbarie et au moyen âge, elle est encore aujourd'hui la condition première de tout travail et de tout progrès.

La constitution de la famille, enfin, si fortement cimentée dans le droit romain, d'une manière un peu arbitraire et autocratique peut-être par suite de l'esprit dominateur et guerrier du peuple romain, la constitution de la famille comme la constitution de la propriété sont l'œuvre des Étrusques, ainsi que les premiers éléments de leur savante procédure par l'*actio sacramenti.* Telle est la thèse nouvelle que je soutiens et que j'appuie à la fois sur le témoignage des inscriptions et sur celui des auteurs anciens (1).

(1) On peut appliquer au droit ce que M. Michel Bréal a dit de la religion d'après Hartung : « C'est au plus profond du sol, c'est sous les ruines de deux époques, de deux civilisations différentes qu'il faut chercher les fondations de l'édifice. » (*Mélanges de mythologie,* page 40.)

Le premier point, la constitution de la famille, est, à mon avis, facile à établir par le témoignage exclusif des inscriptions.

La question de l'origine des noms de famille est facile à résoudre et ne peut donner lieu à de longues contestations, l'usage des noms de famille étant constaté chez les Étrusques par toutes les inscriptions. Il est constant que chez les peuples anciens les plus civilisés, les Égyptiens, les Assyriens, les Grecs eux-mêmes, les noms de famille n'existaient pas, et ils n'ont été adoptés par les Juifs que depuis une centaine d'années, tandis que les noms de famille existent en Italie depuis plus de deux mille ans ayant passé des Étrusques aux Romains et aux Italiens. Quelques-uns se retrouvent sous la forme latine de l'ablatif : de Sanctis, de Pratis, Marcello ; d'autres, sous la forme italienne, le génitif latin : Albani, d'Albanus ; Mancini, de Mancinus ; Balbi, de Balbus ; Justiniani, de Justinianus ; etc., etc. Presque tous les noms étrusques se retrouvent à l'époque romaine, et la persistance du nom fait présumer la persistance de la famille, qui n'a pu néanmoins se conserver pendant de longs siècles sans traverser bien des péripéties diverses.

S'il n'est point rare, ainsi que je le montrerai par de nombreux exemples, de retrouver en Italie des noms étrusques et des familles d'origine étrusque, il est rare, au contraire, de retrouver une famille sur le même lieu et dans la même situation sociale qu'elle occupait il y a deux mille trois cents ans ; cela s'est produit cependant, et notamment pour une famille étrusque devenue romaine d'abord, puis italienne, bien connue de tous les lettrés, la famille Cecina illustrée par une plaidoirie de Cicéron (1). Il y a trente ans environ, elle était encore à Volterra ce qu'elle était dans la Velathri étrusque, une des premières familles du pays ; le dernier comte Cecina, cela m'a été affirmé à Volterra, vivait encore il y a une trentaine d'années et la cathédrale de Volterra renferme le tombeau d'un évêque de cette famille mort en 1765. Voici l'épitaphe du tombeau telle qu'elle est reproduite par M. Dennis : *Phil. Nic. Cæcina. patric Volat. Zenopolit. epûs.* etc. Dempster, parlant de cette famille, disait : *hodie nobilitate suâ viget* (2).

Les brillants et artistiques tombeaux de la famille Cecina sont très nombreux au musée de Volterra, mais il s'en rencontre dans plusieurs musées de l'Europe, notamment au Louvre. Et puisque je parle de cette famille, je citerai ici une inscription intéressante qui n'a pas été publiée, je crois, et qui se trouve placée sur un fer de lance conservé au Louvre dans la salle des bronzes antiques. Cette inscription tend à détruire une interprétation

---

(1) Le discours de Cicéron *pro Cæcina* renferme des renseignements précieux sur l'ancienne procédure. La plaidoirie est intéressante ; mais à mon avis, malgré la puissance oratoire des arguments développés par l'habile avocat, la cause est mauvaise. Cæcina se plaint d'avoir été expulsé d'un domaine où il n'a pas même pu pénétrer, et où il a essaye de pénétrer par la force, et Cicéron est forcé de reproduire (§ 31) l'argument victorieux de son adversaire : *illa defensio : eum dejici posse qui tunc possideat, qui non possideat, nullo modo posse.*

(2) Cette continuité de la famille Cecina est attestée par ses tombeaux et par les témoignages de Dempster, de Gori, de Glandorp, et elle est vraisemblable dans une très petite ville perdue dans les montagnes ; mais le seul fait important à constater est la persistance du nom. Si la persistance de ce nom et d'autres noms étrusques a eu lieu en dehors de la famille, il en résulte que ces noms étaient passés dans la langue latine.

émise récemment et donnant au mot *suthi* étrusque le sens de sépulcre. Cette inscription porte :

ꟼHI⊙VM . AMƆꟾ> . Oꟼ⟊A

Arth. Cecna. Suthina
Aruns. Cecina, salute ou pro salute.

Suthina est, à mon avis, un diminutif de *suthi* à désinence latine, et il paraît difficile de donner ici au mot *suthi* ou *suthina* le sens de sépulcre qu'on a pu être tenté de lui donner en le rencontrant sur un tombeau ou sur une urne funéraire ; mais on ne pourrait s'expliquer ce que cela pourrait vouloir dire sur une arme de défense. Je préfère de beaucoup, pour mon compte, l'ancienne interprétation émise par Lanzi, *pro salute, saluti,* σωτήριον, interprétation que j'avais du reste déjà soutenue à propos d'une inscription récemment découverte dans la nécropole de Tarquinii (1).

— Sans vouloir traiter complètement la question de linguistique, et surtout sans prétendre la résoudre, ne voulant pas me lancer dans des hypothèses et commettre des erreurs, je dois néanmoins l'aborder parce que j'aurai à citer un grand nombre d'inscriptions et je puis dire dès à présent que je considère la langue étrusque comme une langue congénère des langues grecque et latine. Cette

---

(1) M. Maury, dans son très remarquable article sur le glossaire de M. Fabretti, reconnaît que le mot *suthina* s'emploie dans le même sens que *suthi* et il admet pour *suthi* l'interprétation de Lanzi.

Fabretti (2ᵉ supplément, 1874) émet dubitativement l'opinion que *suthina* pourrait signifier *æternitas;* racine *status, statina.* Corssen, page 563, 1ᵉʳ volume, donne à *suthi* le sens de *posuit,* ἀνέθηκε.

opinion est celle des plus anciens et plus estimables
auteurs (1), et elle est devenue tout récemment celle de
M. Deecke qui, après avoir soutenu la thèse contraire,
reconnaît avec une grande bonne foi son erreur dans sa
dernière publication. A mon avis, tout ce que. nous
savons des Étrusques nous montre un peuple d'origine
indo-européenne, et tout ce que nous savons de sa langue
nous fait connaître une langue sœur des langues grecque
et latine. Nous savons, et cela d'une manière irréfragable
par l'étude des inscriptions, que presque tous les noms de
famille étrusques se retrouvent dans la langue latine, et
la composition de tous ces noms dénote une commu-
nauté d'origine. De plus, les terminaisons dont nous
connaissons le sens sont analogues aux terminaisons
de la langue latine ou de la langue grecque. Quelle est
la terminaison de cet ordre-là qui se rencontre le plus
souvent? c'est la forme *al,* en latin *al* ou *alis,* et la forme
sa, que l'on retrouve dans *sponsa* dont elle a le sens.
Remarquez, messieurs, que je ne me lance point dans des
suppositions et que je ne m'appuie que sur des faits
admis généralement; le sens des terminaisons *al* et *sa*

(1) Le pauvre Corssen a écrit et imprimé plus de trois mille pages
compactes sur la langue étrusque sans arriver à aucun résultat; ses
savants successeurs n'ont pas été plus heureux en employant tous les
procédés admis par la science philologique actuelle, procédés qui sont
bien loin d'être suffisants si l'on n'y joint d'autres éléments de recher-
che. L'étude de la prononciation a une grande importance pour l'étude
de la langue étrusque, et cette étude est pleine de surprises. Un mot,
par exemple, qui n'existe qu'en étrusque, le nom de la nymphe rivale
de Tagès qui a composé des livres sacrés, nom qui nous est donné
par les auteurs latins, sur cinq lettres en renferme trois qui n'appartien-
nent pas à l'alphabet étrusque. C'est le nom de la nymphe *Bigoé.* B, G
et O n'existent pas dans la langue étrusque. Ce nom a été écrit quelquefois Bigoys et Vegoia.

est fixé par des inscriptions et admis sans contestation. Je citerai notamment la plus connue des inscriptions bilingues et une des plus claires, l'inscription que renferme le tombeau des Volumni, à Perugia ; je peux remarquer en passant que toutes les inscriptions bilingues sont loin d'être précises, parce qu'elles renferment des indications différentes. Souvent, par exemple, tandis que l'inscription étrusque porte l'indication du nom maternel, l'inscription latine porte un surnom ou une autre désignation.

Voici l'inscription étrusque de Publius Volumnius :

JAIⱵAꞴA⟩. VA. AⱵꟽIꟼƎꞀ. ꞀVꟼ
pup. velimna. au. Caphatial

et voici l'inscription latine correspondante :

P. Volumnius. a. F. Violens
Cafatia natus.
Publius Volumnius. Auli filius,
Violens. Cafatia natus.

L'inscription latine se trouve ici la traduction complète de l'inscription étrusque. *P,* l'initiale de Publius, répond à l'abréviation étrusque *Pup.; Volumnius,* c'est *Velimna.* Les initiales *a. F.* (Auli filius) correspondent à l'abréviation étrusque *au.;* et *Cafatia natus* est la traduction de *Caphatial.* Seulement, l'inscription latine porte en outre le surnom donné à Publius Volumnius suivant les usages romains ; ce surnom est *violens.*

Dans une autre inscription bilingue, rapportée par Fabretti, n° 793, le même sens est donné d'une manière

non moins certaine à la terminaison *al*. La plus grande
partie de l'inscription est effacée, mais l'on voit très net-
temént le dernier mot de l'inscription étrusque, *cainal* :

ƆAIƧAⱢ

et la traduction dans l'inscription latine : *cainnia natus*.

C. alfius. a. f. cainnia natus (1).

La plus belle inscription bilingue connue, malheureusement peu explicite, est celle de l'Haruspex de Pesaro.

L'inscription latine, dont les premières lettres effacées
sont faciles à restituer, porte :

atius. l. f. ste Haruspex
fulguriator.

L'inscription étrusque, placée immédiatement au-
dessous en une seule ligne, est ainsi conçue d'après la
lecture généralement admise :

ƆAⱢⱵVꟼ8. ⱵVⱧⱵVⱵ⌁ꟼ. ⱵⱧⱵⱵ⌁Ⱨ. ⱺⱵ. ⱺⱵ. ⱵⱵⱵⱵⱵⱵ

L'on en a donné diverses interprétations et jusqu'à
présent l'on n'a pu s'entendre sur le sens précis de la
deuxième moitié de l'inscription. Quant à la première
moitié, elle ne présente aucune difficulté : les lettres qui
manquent dans l'inscription latine sont *l.*, abréviation de
lars et *Caph.*, commencement du nom de famille Capha-

---

(1) Un fac-similé de l'inscription est publié par Corssen (1er vol.,
p. 76).

tius, que nous retrouvons dans l'inscription étrusque. Les initiales *l. f.* de l'inscription latine correspondent à l'abréviation ⊲⅃ et signifient lartis filius. Dans les lettres *ste* de l'inscription latine l'on trouve l'indication de la tribu Stellatina à laquelle appartenait l'haruspex Caphatius. Quant aux trois mots qui terminent l'inscription étrusque, on admet généralement qu'ils sont la traduction des mots latins *haruspex fulguriator,* mais sans déterminer le sens précis de chacun de ces mots. Pour mon compte, sans prétendre que mon interprétation soit excellente, je reconnais dans *trutnut* la forme étrusque du mot latin *trutinator* dérivé du verbe grec τρυτανεύω, celui qui pèse, qui apprécie, auquel je donne le sens de scrutateur, et dans le mot étrusque *fruntac,* je vois un dérivé du grec βροντᾶῖος, de βροντή, tonnerre, βροντάζω, et je donne à ces deux mots le sens de scrutateur de la foudre, *fruntac* correspondant au latin *fulguriator* (1). *Netsvis* alors signifierait proprement *haruspex.* C'est du reste à peu près le nom donné à l'haruspex de Tarquin, Attius Nævius (2). Cette inscription, on le voit, tout en étant bilingue et tracée en caractères très nets, n'est pas d'un grand secours pour la langue; elle a besoin d'être interprétée et elle prête à des interprétations douteuses.

Quant à la seconde désinence finale étrusque dont j'ai

(1) La plupart des noms de dieux, déesses ou héros, ressemblent beaucoup aux noms grecs et latins, Aplu, Achle, etc. Il y a un nom plus différent en apparence qu'en réalité, celui de Vénus, pour lequel je propose une explication et une étymologie : Turan, nom étrusque de Vénus, est, à mon avis, la forme étrusque du grec τήν οὐράνιαν, la céleste, la déesse.

(2) « Attius Nævius inclitus ex tempestate augur », dit Tite-Live.

parlé, la terminaison *sa*, qui se rencontre très fréquemment dans les inscriptions funéraires, et signifie *uxor* ou *conjux*, elle ne se rencontre pas dans des inscriptions bilingues ; mais le sens qu'on lui donne est admis généralement, il n'a même jamais été contesté. Cette interprétation s'appuie sur la comparaison de diverses inscriptions et notamment sur la juxtaposition de deux sarcophages découverts à Chiusi il y a cinquante ans, et dont les inscriptions sont rapportées par M. Fabretti dans son *corpus*, sous les nᵒˢ 535 et 536. Elles ont été reproduites également par M. Conestabile. Les deux sarcophages ont été trouvés l'un à côté de l'autre ; l'un représente une figure d'homme couché ; l'autre, une figure de femme dans la même attitude. Le premier porte cette inscription :

JAIHIⰆƎ⊙. ƎJƎ⊙. OHꟼA

Arnth. hele, herinial.
Aruns, helius, heriniæ filius.

L'autre, qui représente la femme, porte l'inscription :

AⱾƎJƎ⊙. IVⰆAꟄHA. AHAO

Thana ancarui helesa
Thania, ancharia, helii uxor.

Le mot ƎJƎ⊙ peut être lu *hele*, ou *thele*, ou *vele*, ou *phele*, la lettre ⊙ représentant une aspiration qui, à mon avis, a son équivalent dans le *th* anglais. M. Fabretti, dans son Glossaire, lit *hele*, et M. Maury, dans le *Journal des Savants*, lit *phele*.

Il n'a paru douteux à personne que le deuxième

sarcophage ne fût celui de la femme. Tandis que le premier portait le nom du mari, d'Ælius, Helius, ou Phelius, le second portait le nom de la femme d'Ælius, Helesa, ayant elle-même le prénom très répandu de Thania, Diana, et le nom de famille Ancharia.

Le n° 536 porte donc l'inscription : Aruns Helius, fils d'Herinia ; et le n° 537 : Thania, Ancharia, femme d'Helius.

Cette terminaison *sa* se trouve avec le sens bien net d'*uxor* dans une inscription d'un sarcophage étrusque du musée du Louvre, remarquable par la belle exécution et la conservation des caractères peints au-dessous d'une figure de femme couchée représentant la défunte.

Cette inscription est ainsi conçue :

ASIHHVƆ. ꓷIꓶƎꓘ. AHAO (1)

Thana Celia Cumnisa

Thana est le prénom Diana ; Celia, le nom de famille de la défunte, le nom de son père ; Cumnisa, le nom de son mari ; Cuminii uxor :

Diana Celia Cuminiisa.

Cette inscription écrite en caractères romains ne pourrait-elle pas être prise pour une inscription latine ? et cependant l'on dit que la langue étrusque n'a aucun rapport avec la langue latine !

____

(1) L'on peut remarquer, en passant, que ces dernières inscriptions nous donnent des noms conservés à l'époque romaine et qui ont été portés par des familles consulaires : Ælia, Herennia, Celia, Cuminia, etc.

NOTE SUR LES RÉSULTATS QUE POURRAIT DONNER LA LECTURE DES INSCRIPTIONS

Si les Étrusques étaient inférieurs aux Grecs au point de vue artistique, ils l'étaient bien plus encore au point de vue littéraire, quoi qu'on ait pu dire des tragédies de Volnius et des livres sacrés de Tagès. Je crois que les Étrusques ont écrit surtout sur la pierre, et l'on attache peut-être trop d'importance à la langue étrusque. La langue étrusque, à mon avis, était multiple et diverse ; elle se composait d'un grand nombre de dialectes un peu barbares tenant le milieu entre le grec et le latin. Il est certain que l'on ne parlait pas le même dialecte à Tarquinii, à Felsina, à Adria et à Nole ou Capoue, que Caton et un grand nombre d'auteurs reconnaissent avoir été fondées par les Étrusques. Nous connaîtrions du reste la langue étrusque et nous pourrions interpréter des inscriptions qui nous manquent, que nous ne serions pas beaucoup plus avancés, ces inscriptions antiques ne présentant que très rarement un intérêt général. Nous aurions, par exemple, la liste des princes ayant régné à Tarquinii ou à Cere ; nous saurions que tel d'entre eux a remporté une grande victoire sur ses ennemis d'où il a ramené tant de captifs, tant de bœufs et tant de moutons, que nous ne connaîtrions pas mieux pour cela la civilisation étrusque et la découverte d'un tombeau renfermant des vases, des armes et des peintures qui nous montrent la vie des Étrusques en action, offre à mon avis beaucoup plus d'intérêt que la lecture d'une inscription antique. Nous connaîtrions encore toutes les qualités et les vertus d'un défunt au lieu de connaître seulement son nom et son âge que nous n'y gagnerions pas beaucoup. Je ne néglige point pour cela la lecture des inscriptions ; j'ai lu et étudié toutes celles que nous possédons sur le monument original (1), et cela ne peut se faire sans difficulté, quelquefois même sans péril, mais j'évite toute interprétation douteuse, je me contente des résultats certains, et je ne suis point de ceux qui poussent des gémissements sur l'obscurité qui environne encore la langue étrusque, le peuple étrusque n'ayant produit ni poètes, ni historiens, ni avocats que l'on puisse comparer à ceux de la Grèce ou de Rome.

(1) Sauf peu d'exceptions.

Paris. — Typ. Georges Chamerot 19, rue des Saints-Pères. — 16198.

LA GENS

I

E nom de famille est d'origine étrusque, cela ne me paraît pas contestable, étant établi par plus de deux mille inscriptions, tandis que l'on ne trouve aucune preuve que le nom de famille ait existé chez aucun peuple de l'antiquité primitive.

De la civilisation étrusque le nom de famille a passé chez les Romains avec tant d'autres institutions et particulièrement avec les institutions qui en sont dérivées telles que la Gens. Avant d'entrer dans cette discussion et d'examiner les caractères de la Gens, question considérée comme très difficile et sur laquelle ont été formés différents systèmes contradictoires, il n'est pas inutile, pour montrer l'organisation de la famille étrusque, de citer quelques inscriptions portant des noms de famille

(1) La 1ʳᵉ partie a été lue devant l'Académie des inscriptions et belles-lettres à la séance du 10 septembre 1886.

connus, dont quelques-uns se sont conservés jusqu'à nos jours.

Le nom des Tarquins a en étrusque la forme Tarkna ou Tarchnas, il se trouve reproduit un grand nombre de fois dans la tombe des Tarquins à Cervetri :

꓄ꓵꟿꓵ et ꟾꓵꓵ

au féminin sous la forme Tarchnai, ainsi que le prouve l'inscription n° 2350 du Corpus de Fabretti :

ꓵ꓄ꟿꓵ ꓵꟾꟿꓵ

Rantha Tarchnai, Aruntia Tarquinia.

— La famille Pomponia se trouve dans les inscriptions étrusques sous la forme Pumpuni, Pumpu et Pupu :

ꟿꓵ꓄ꟿꓵ. ꓄ꟿꓵ. ꓄꓄

l'inscription 1278 de Fabretti est ainsi conçue :

ꟿꓵꓵ. ꟿꓵ꓄ꟿꓵ. ꓵꟿꓵ

Thana, Pumpuni, Plauti.

Thania ou Diana, Pomponia, Plautia, inscription n° 1273 :

꓄ꟿꓵ. ꓵꓵꟾ

lars Pomponius.

La forme Pupu dans l'inscription 1262.

— Le nom de la famille Herennia se trouve chez les Étrusques sous la forme Erina, et Herine, rarement sans l'aspiration.

Inscription n° 884. :

ꓱꟿꓵꓱ. ꓵꓱ

Vel. Herine, Velius Herennius.

Herine est la forme masculine, Herini la forme féminine, comme dans l'inscription n° 611 *bis*.

ꟿꟿꓵꓱ. ꟾꓵꓱ

Hasti, Herini.

Fausta, Herennia.

— Le nom de la famille Ælia ou Elia se rencontre sous diverses formes comme le nom de la famille Herennia, mais rarement sans l'aspiration ; on en trouve cependant un exemple dans le dérivé ꓕꓱꓥꓲꓳꓱ, Helena, Helène.

Ce nom de famille montre bien la parenté qui existe entre les langues étrusque, grecque et latine ; ce mot, comme beaucoup d'autres mots étrusques du reste, se trouve dans les trois langues : en grec Ἕλως, en latin Œlius, en étrusque ꓱꓶꓱꓸ comme dans l'inscription n° 530 de Fabretti :

ꓱꓶꓱꓸ · ꓸꓧꓱꓯ
Arnth Hele, Aruns Œlius.

Sous la forme masculine ou comme dans l'inscription 606 sous la forme féminine :

ꓲꓶꓱꓸ · ꓲꓳꓱꓯꓶ
Larthi Heli, en latin Lartia Œlia

ou encore sous les deux formes dérivées ꓶꓯꓲꓶꓱꓸ et ꓯꓢꓱꓶꓱꓸ, Helial et Helesa. Fabretti, 707 *bis* :

ꓶꓯꓲꓶꓱꓕ, ꓱꓕꓧꓯꓲꓯꓢ · ꓶꓱꓱ
Vel. Seiante, Helial.

Velius, Sejantius, Œlia natus

ou dans l'inscription 726 *bis* :

ꓯꓢꓱꓶꓱꓸ · ꓲꓕꓲꓕ · ꓲꓳꓯꓶ
Larthi, Titi, Helesa.

Larthia, Titia, Œlii uxor.

Titi est un nom de famille assez connu, qui est le nom de famille de la femme d'Œlius. La famille Œlia se trouve alliée de la famille Titia en la personne de Larthia dénommée dans l'inscription.

Nous trouvons dans les inscriptions des traces d'al-

liances entre la famille Œlia et la famille Herennia, dont
il a été parlé précédemment :

L'inscription 536 est ainsi conçue :

Arnth. Hele, Herinial.

ᒐꓯIHIO∃⊙ . ∃ᒐ∃O . OHᎯᎯ

Aruns, Œlius, Herennia natus.

L'inscription n° 1268 nous montre une alliance entre les
familles Herennia et Pomponia.

Larth. Pumpu, Plaute, l. Herinial

IꓯIHIꟼ∃Θ . ᒐ . ∃⊥ᐯꓯᒐ1 . ᐯ1ꟽᐯ1 . ΘᎯꓯᒐ

Lars   Pomponius, Plautus, Lartis   filius,   Herennia
natus.

— Ce que je viens de faire pour la famille Œlia, on
peut le faire pour toutes les familles étrusques devenues
plus tard romaines, on peut le faire pour la famille Velimna qui a laissé une si belle tombe, si riche en monuments et en inscriptions au Palazzone dans les envi-
rons de Pérouse, Velimna, Volumnius, famille alliée à
toutes les principales familles de Pérouse ; pour la
famille Licinia, en étrusque ∃HƆ∃ᒐ, en grec Λικίννιος,
en latin Licinius, en italien Licinio, nom d'un peintre
célèbre Licinio plus connu sous son surnom il Porde
none.

L'on peut citer de la famille Volumnia, outre la
célèbre inscription bilingue, les suivantes :

ƨꓯᐯꟽIᒐ∃ꓘ . ∃ᒐᐯꓯ

Aule Velimnas. Aulus Volumnius.

ƨꓯHꟽIᒐ∃ꓘ . ΘHᎯꓯ

Arnth. Velimnas. Aruns Volumnius.

I∃HꟽIᒐ∃ꓘ . ꓯIᒐ∃ꓘ

Velia Velimnei. Velia Volumnia, etc.

Le nom de famille Lecne se trouve sur un grand nombre de sarcophages du musée de Florence :

ƎИϽƎ⅂ . ⅃

V. Lecne. Velius Licinius

IƎИϽƎ⅂ . ϴ

th. Lecnei, thannia ou Diana Licinia

n° 407 de Fabretti :

⅃AИIAϽ . AƨƎИϽƎ⅂ . IƎ⅂⅃ⵜ . O⅃

Larthia titia Lecnesa Cainal.

Larthia titia Licinii uxor. Cạinia nata.

— On peut citer également la famille Latinia dont le nom se trouve sur un grand nombre de sarcophages étrusques :

IИI⅂A⅂ . ⅃Ǝ⅃

Velia Latinia, dont on retrouve tous les dérivés, latinisa, latinial, latinialisa, n° 1036 de Fabretti.

⅃AIИI⅂A⅂ . I⅂ИAIƎƨ . AИAϴ

Thana, Seianti, Latinial.

Thania Seiantia, Latinia nata.

En grec Λατίνος, en latin Latinus :

Rex arva Latinus et urbes.
Jam senior longa placidas in pace regebat.

Virg., Œn. VII.

— La famille Ʌ⅂ƎϤⵜ trebia dont le nom se rencontre sur plusieurs sarcophages du Louvre n° 1812 :

Ʌ⅂ƎϤⵜ . ϤA

ar. trepu, Arrius Trebius.

— La famille Trebonia ou Tribonia, dont le nom a été porté par un illustre jurisconsulte :

IИVϤƎϤⵜ . AⵜИϤA

Arnta Trepuni, n° 924. Aruntia Trebonia.

— La famille Vibia ꟼꟼꟼ vipi, ou vipis, nᵒ 1470 :

ꟼꟼꟼ . Vꓯ

au Vipis, Aulus Vibius.

On peut placer à côté du nom de famille Vibia le nom de famille Vibenna ꟼꟼꟼꟼ, qui en semble dérivé comme Trebonia paraît venir de Trebia ꟼꟼꟼꟼ, de ꟼꟼꟼꟼ Trepuni de Trepu. nᵒ 1877 :

ꟼꟼꟼꟼ . ꟼꟼꟼO

thania Vipinei, thania Vibenna. nᵒ 610 :

ꟼꟼꟼꟼ . ꟼꟼꟼꟼ . ꟼꟼ

ar. Herine, Vipinal.

Arrius, Herennius, Vibennia natus.

Le nom étrusque de ꟼꟼꟼꟼ, Vipinas, Vibenna est célèbre comme étant celui d'un des compagnons de Tarquin.

Fratres Coeles et Vibenna quos dicunt regem Tarquinium Romam secum adduxisse, dit Festus d'après Varron.

Les auteurs latins, lorsqu'ils parlent de Tarquin, de Latinus, de Vibenna, de Mastarna, Servius ou de Porsena, comme j'ai déjà eu l'occasion de le faire remarquer, ne les appellent jamais des Lucumons, le mot Lucumon ꟼꟼꟼꟼꟼ n'étant qu'un prénom ou un nom propre.

— Le nom de Porsena se trouve reproduit plusieurs fois comme le nom des Tarquins à Cervetri dans une belle tombe de Chiusi qu'on appelle tomba della Paccianese du nom de la ferme ou deposito del grand Duca. Cette tombe renferme huit sarcophages dont plusieurs portent le nom de ꟼꟼꟼꟼꟼ pulfna (1) dans lequel je crois reconnaître la forme étrusque du nom latin Porsena (découverte le 5 février 1818).

---

(1) M. Fabretti traduit Pulphna : Pulfennius, et non Porsena.

La tombe a été respectée et les sarcophages conservés à la place où ils se trouvaient.

N° 526 nous trouvons l'inscription :

ᒍAI†HAIƎꞏꞩ, A⅃ꞏ AH8⅃Vꓶꞏ VA

au Pulphna la Seiantial

Aulus Porsena, lartis filius, Seiantia natus.

Aulus Porsena, fils de Lar Porsena et d'une Seiantia.

Au n° 523 nous trouvons :

AH8⅃Vꓶꞏ A⅃

lars Porsena.

Au numéro 522, une autre inscription :

AH8⅃Vꓶꞏ VA

Aulus Porsena.

L'on pourrait citer un bien plus grand nombre d'exemples et montrer en Étrurie l'origine de la plupart des familles patriciennes de Rome. Les inscriptions funéraires étrusques établissent l'état des familles, à peu près comme peuvent le faire les inscriptions de l'état civil en France. Sur plus de trois mille inscriptions étrusques que nous possédons, un assez grand nombre remonte à cinq, six ou sept siècles avant J.-C. ; aussi, je l'avoue, ai-je eu de la peine à m'expliquer cette assertion que les noms de famille auraient été empruntés par les Étrusques aux Romains. Pour admettre cette assertion il faudrait renverser l'ordre des temps et retarder la civilisation étrusque de cinq siècles. Pour moi, cela me paraît aussi contraire à tous les enseignements de l'histoire, à tous les témoignages des auteurs, à toutes les preuves qui résultent de l'examen des monuments, que de soutenir dans l'histoire de France par exemple, que le règne de Louis XIV a précédé celui de Charlemagne.

II [1]

E me suis attaché à démontrer que le nom de
famille est d'origine étrusque et qu'il a passé
des Étrusques aux Romains, tandis qu'il est
resté inconnu à tous les autres peuples de l'antiquité, dans
le but de démontrer ensuite que la Gens romaine a été
empruntée par les Romains aux Étrusques.

Pour faire cette démonstration, j'ai à rechercher quel
était chez les Romains le caractère de la Gens, quel était
son élément constitutif, et c'est là un point qui a été fort
débattu, a donné naissance à de nombreux systèmes
contradictoires, mais qui, à mon avis, n'offre pas autant
de difficultés qu'on le prétend en général. Malgré la la-
cune très regrettable que présente sur cette question le
manuscrit des Institutes de Gaius, on trouve une définition très juridique et très précise de la Gens dans Cicéron
qui s'appuie sur l'autorité du grand jurisconsulte Scævola,

(1) 2ᵉ partie lue devant l'Académie des inscriptions à la séance du
1ᵉʳ octobre 1886.

et cette définition se trouve confirmée par deux auteurs estimables de l'antiquité, Festus et Varron. Il me paraît impossible de considérer comme inconnus et incertains les caractères de la Gens romaine, alors que ces caractères se trouvent déterminés à la fois par un jurisconsulte, un grammairien et un archéologue, trois auteurs de la valeur de Cicéron dont il est inutile de parler, *tanto nomini* etc., de Festus qui est apprécié au-dessus de tous pour les définitions de son glossaire, de Varron enfin qui est la plus grande autorité pour l'histoire des origines et de l'antiquité romaine.

D'après Cicéron comme d'après Festus et Varron, l'élément constitutif de la Gens est le nom de famille. Aux *topiques* (*par. 'IV,*) Cicéron parlant des définitions et de la manière dont elles doivent être faites, donne comme exemple la définition du mot gentilis. La partie substantielle de la définition est celle-ci : « Gentiles sunt, qui inter se eodem nomine sunt. » Il se livre ensuite à une sorte d'amplification en expliquant que pour être gentilis, pour exercer les droits de gentilité, il faut n'avoir subi aucun changement dans son état civil. Sont gentiles, dit-il, ceux qui portent le même nom de famille, « non est satis, qui ab ingenuis oriundi sunt, nec id quidem satis, quorum majorum nemo servitutem subiit ». C'est-à-dire, il faut être né de parents libres et ne pas descendre d'ancêtres ayant vécu dans l'esclavage, cela va de soi, car les esclaves n'ont pas de nom de famille et ne jouissent pas de droits civils· Cicéron ajoute encore cette condition : « abest etiam nunc qui capite non sunt deminuti, hoc fortasse satis est. Nihil enim video Scœvolam pontificem ad hanc definitionem addidisse. » Cette dernière condition qu'on traduit littéralement dans un langage juridique barbare, « n'avoir subi aucune diminution de tête », veut dire « n'avoir eu à subir aucune déchéance civile. »

En droit romain l'on distinguait trois sortes de déchéances civiles ou de changements d'état civil appelés « capitis deminutio »; l'on distinguait la plus grande, la moyenne et la petite diminution suivant la qualité que l'on perdait; « nam aut maxima est capitis deminutio, aut minor aut minima. »

« Tria sunt quæ habemus, dit le jurisconsulte Paul, libertatem, civitatem, familiam, » et ce sont là les trois termes de la capitis deminutio. La plus grande, maxima capitis deminutio, consiste dans la perte de la liberté, par suite d'une condamnation par exemple soit ad bestias, soit in opus metalli; la media cap. deminutio consiste dans la perte du droit de cité, sans perte de la liberté, « quod accidit ei cui aqua et ignis interdictum fuerit » ou à celui qui aurait été déporté dans une île. Enfin la minima capitis deminutio est caractérisée par le changement de famille, par le passage d'une famille dans une autre au moyen de l'émancipation ou de l'adrogation. La minima capitis deminutio a lieu, suivant Ulpien, salvo statu, mais comme elle entraîne un changement de famille, elle implique aussi, avec la perte des droits de famille, le changement de gens et la perte de la gentilité. Il y a perte des droits de famille et de la gentilité, lorsqu'une personne sui juris passe in manum, sous la puissance d'une autre.

Au lieu d'employer toutes ces expressions peut-être un peu obscures, de donner ces explications compliquées et de s'approprier l'amplification oratoire de Scœvola, Cicéron aurait peut-être pu se borner à dire « gentiles sunt qui eodem nomine sunt » ; il va de soi en effet que si par une cause quelconque comme par la capitis deminutio par exemple il y a perte du nom et des droits de famille, la perte des droits de famille emporte *a fortiori* la perte des droits de gentilité.

C'est à ces termes du reste que Festus et Varron, qui ne se sont attachés qu'au caractère essentiel, ont réduit la définition de la Gens.

« Gentilis dicitur et ex eodem genere ortus et is qui simili nomine appellatur, ut ait Cincius (1), » dont l'autorité vient s'ajouter à celle de Festus : « Gentiles mihi sunt qui meo nomine appellantur. » (Festus.)

Et Varron faisant application de ce principe à la gens Æmilia,

(L. VII, p. 4) « ut enim ab Æmilio homines orti Æmilii ac gentiles. »

Les descendants d'Æmilius portent le nom d'Æmilius et entre eux sont gentiles. Et il fait application de ce principe à la grammaire en montrant qu'il y a des gentes parmi les mots comme parmi les hommes, et que certains mots entre eux sont gentiles, viennent de la même origine :

« Ut in hominibus quædam sunt agnationes et gentilitates sic in verbis. »

Il distingue ainsi l'agnation de la gentilité et Festus précise en nous disant qu'en effet la gens ne se réduit pas à une famille mais se compose de plusieurs familles :

« Gens Ælia appellatur quæ ex multis familiis conficitur. »

---

(1) Lucius Cincius Alimentus, préteur en Sicile, plus de 150 ans avant notre ère, historien estimé, loué par Tite-Live, par Aulu-Gelle, etc. *maximus auctor*, dit Tite-Live.

Le mot famille a reçu diverses acceptions, mais nous pouvons déterminer d'après les jurisconsultes quelle était proprement sa signification en droit romain, quoique dans certains cas on l'ait confondue avec la Gens dont le signe caractéristique était le nom de famille et qui n'était en quelque sorte que la prolongation, au delà des limites de l'agnation, de la famille elle-même. C'est ainsi qu'Ulpien a pu dire : « Recte ejusdem familiæ appellabuntur qui eadem domo et gente. »

Dans son vrai sens juridique, la famille se réduit aux agnats, c'est-à-dire qu'elle comprend seulement toutes les personnes d'une même origine placées sous la puissance d'un même paterfamilias, qui sub unius protestate fuerunt, dit Ulpien. (*De verb. significatione.*) Ce qui distingue l'agnation, c'est le lien de la puissance paternelle : « sunt agnati per virilis sexus personas cognatione juncti, quasi a parte cognati. »

Tandis que la cognation désigne la parenté naturelle, l'agnation est le lien de parenté civile. La femme qui par son mariage passe sous l'autorité de son mari, in manum mariti, reste unie à la famille de son père par les liens de la parenté naturelle, de la cognation, mais elle appartient par l'agnation à la famille de son mari.

Dans un sens vulgaire, le mot familia, qui juridiquement désigne les personnes unies par le lien de l'agnation, peut par extension comprendre à la fois les personnes libres et les esclaves, « familiæ appellatio omnes servos comprehendit », et même par une dérivation plus éloignée encore, le mot familia a été employé pour désigner l'ensemble des propriétés de la famille, tout le patrimoine du paterfamilias ; c'est dans ce sens que la loi des 12 Tables dit : « agnatus proximus familiam habeto. »

« Si agnatus non erit, tunc gentilis hæres esto, » (Table 5) ou bien « si adgnatus nec escit, gentiles familiam habento, » ajoute la loi des 12 Tables, fixant ainsi les droits de gentilité, les distinguant des droits d'agnation et n'appelant un membre de la gens à la succession qu'à défaut d'un membre de la famille, d'un agnat.

— Le caractère de la gens est fixé par le nomen qui démontre une origine commune et entraîne des droits successoraux.

Gentiles sunt qui eodem nomine sunt.

Le nomen désignait la gens, le cognomen la famille, et le prænomen l'individu.

— Malgré les témoignages, à mon avis très nets et très concluants, de Cicéron, Festus et Varron, de nombreux systèmes ont été produits sur l'organisation de la Gens par Sigonius, Heineccius, Niehbur, Ortolan, Guérard, etc., et par d'autres auteurs plus récents qui ont reproduit les mêmes arguments en modifiant très légèrement la forme (1).

Je parlerai d'abord du système de Niehbur à cause de l'importance de son auteur, l'éminent historien et

(1) Je ne suis pas du tout de l'avis de ceux qui se figurent que le droit romain a été inventé dans ces dernières années, et c'est avec une certaine gaîté que je lisais cette année-ci dans un compte rendu fait par un jeune professeur : « Ce livre sur le droit romain n'est pas au courant des nouveaux progrès de la science, il est facile de s'en assurer par sa date qui est 1875. » Que dirait ce jeune professeur, de Potier, de Cujas, de Justinien lui-même, qui tous sont bien antérieurs à 1875? Pour un trop grand nombre, hélas! le progrès consiste à énoncer d'une manière confuse, en termes pédantesques et barbares, ce qui avait été dit nettement avant eux!

jurisconsulte auquel nous devons la précieuse découverte des Institutes de Gaïus ; c'est du reste, à mon avis, un des systèmes les plus erronés et le premier à éliminer.

Niehbur fait de la Gens une agrégation sans lien du sang, une corporation politique, et il compare les gentes romaines aux institutions des Dithmarsen de son pays ; il les compare aussi aux Alberghi, tribus politiques primitives de la république de Gênes. Ce système inspiré au savant danois par des sentiments estimables et par les souvenirs de son pays natal, me paraît en contradiction avec les textes. (Niehbur, t. II, p. 22, éd. Golbery.)

Le système du savant M. Mommsen se rapproche un peu de celui de Niehbur ; il ne rattache pas la Gens romaine à la Grèce comme il le fait pour tant d'autres institutions, il considère la Gens comme une subdivision de la curie, dix maisons forment une gens ou famille (lato sensu), dix gentes ou 100 maisons forment une curie (curia, de curare cœrare, κοίρανος) et dix curies, 100 gentes, 1000 maisons constituent la cité (t. I, p. 95, trad. Alexandre). Ce système est à mon avis inexact et contradictoire avec ce que M. Mommsen dit de la Gens en d'autres endroits de son grand ouvrage.

MM. Guérard et Ortolan croient reconnaître l'élément patricien dans la formation de la Gens et en font une sorte d'institution aristocratique et nobiliaire ; du reste M. Ortolan, dans ses études remarquables sur la généralisation du droit romain, ne paraît pas lui-même convaincu de l'exactitude absolue de son système, car il laisse échapper cet aveu : « La Gens est une agrégation dont le nœud est resté presque un mystère pour nous. » Je ne partage pas cet avis, parce que les définitions de

Cicéron, Varron et Festus ne laissent guère plus de doute que la définition de l'agnation donnée par Ulpien. On peut reconnaître cependant que le droit de gentilité supposant la continuité et l'extension de la famille a pris un caractère aristocratique, et cette qualité du gentilis s'est perpétuée à travers les civilisations modernes ; le mot gentilis a conservé aujourd'hui le même sens qu'il avait il y a deux mille ans, sous sa forme moderne, gentil-homme, gentleman.

Le système de l'illustre savant Sigonius, développé plus tard par Heineccius, me paraît bien préférable à ceux dont je viens de parler et bien plus conforme aux textes, quoique je ne l'adopte pas dans son entier. Heineccius l'a exposé dans son livre, *Antiquitatum romanarum* (l. III. t. II, p. 2, éd. de Tournes). Pour Heineccius sont gentiles entre eux, jouissent des droits de gentilité et par conséquent d'hérédité, tous ceux qui portent le même nomen, et sont agnats entre eux tous ceux qui portent le même cognomen. Il choisit pour exemple : Au-lus, Virginius, Tricostus, Cælimontanus. Aulus le præno-men désigne l'individu, Virginius indique qu'il appartient à la gens Virginia, c'est le nomen ; Tricostus, qu'il est de la famille Tricosta, et Cœlimontanus l'agnomen désigne une subdivision de la famille. A l'égard de Lucius Corne-lius Scipio, qu'Heineccius prend comme autre exemple, il soutient que tous les Cornelii sont gentiles entre eux, omnes Cornelii gentiles, et ils sont très nombreux, les Lentuli, les Cossi, les Dolabellæ, les Sullæ, les Cethegi, les Cinnæ, les Scipiones, etc., et je suis de cet avis ; mais il ajoute que tous les Scipions sont agnats entre eux, tous les Cornelii sont gentiles comme descendant d'un même auteur appartenant à une origine commune et portant le même nomen, ce qui est le signe caractéristique de la Gens; mais je ne puis admettre que tous les Scipions soient agnats; ils l'ont été à un jour donné, lorsque les Scipions ne formaient qu'une seule famille juridique, étaient tous placés sous l'autorité d'un même père de famille; mais cette situation a dû se modifier bientôt, plusieurs familles de Scipions se sont formées, elles sont désignées par différents surnoms que l'histoire a enregistrés; l'on connaît les Scipiones Africani, les Asinæ, les Hispalli, les Asiatici, les Nasicæ, etc. Le jour où les Scipions ont été soumis à l'autorité de différents pères de famille, les Scipions ont cessé d'être agnats entre eux et sont devenus gentiles; d'après le texte d'Ulpien, le critérium de l'agnation se trouve dans la soumission à la puissance d'un seul paterfamilias et non dans le cognomen ou même dans l'agnomen; et si je ne me trompe, je me trouve d'accord sur ce point avec mon éminent professeur M. de Rozière, d'après les principes exposés dans son savant cours au Collège de France.

Le système d'Heineccius a le mérite de la simplicité, il est conforme au texte en ce qui concerne la Gens, et il reste vrai tant que la famille n'est pas subdivisée et se trouve placée sous l'autorité d'un même paterfamilias.

Mais le temps apporte de rapides changements à cette situation et modifie bien vite les rapports de la parenté civile. On voit dans l'histoire romaine les familles se diviser et se subdiviser à l'infini tout en conservant la marque de leur origine commune par la gens, par le nomen; toutes les familles appartenant à la gens Cornelia ont conservé le nomen commun et elles sont extrêmement nombreuses : « infinitus ego sim, si Cornelios omnes persequi velim, » disait un savant jésuite en esquissant l'histoire de la gens Cornelia ; toutes ces familles ont conservé ce nomen comme un signe d'honneur ; mais pour elles le droit de gentilité s'est réduit au caractère honorifique et n'a jamais pu se transformer en droit d'hérédité, comme le dit le texte de la loi des 12 Tables, le droit de gentilité étant toujours primé par le droit d'agnation, et les gentiles ne pouvant recueillir une succession qu'à défaut d'agnats. C'est ce qui explique comment le droit de gentilité est tombé en désuétude, réduit à une qualité honorifique, et pourquoi les jurisconsultes en parlent si peu, c'est qu'au temps où vivaient Gaïus (1), Paul, Ulpien, le droit de gentilité ne trouvait plus occasion de s'exercer. — Le droit de gentilité est resté une de ces anciennes traditions respectables remontant aux origines de la nation. « Gentilitia sacra, » dit Cicéron, et Gaïus dit déjà : « Totum gentilitium jus in desuetudinem abiisse supervacuum est hoc quoque loco de ea re curiosius tractare. » (*Gaïi comm.* III, par. 17.)

« Nec gentilitia jura in usu sunt, » dit laconiquement Ulpien.

Le droit de gentilité à cette époque était sorti du domaine du droit pour entrer dans celui de l'art héraldique, et le gentilis était devenu ce qu'il est encore aujourd'hui un gentilhomme, un gentleman.

— Pour démontrer que la Gens romaine est d'origine

(1) Gaius : « Si nullus agnatus sit eadem lex 12 tabularum gentiles ad hereditatem vocat : qui sint autem gentiles 1° com¹⁰ retulimus et cum illic admonuerimus totum gentilitium etc. (eodem loco). » Le passage malheureusement nous manque.

étrusque, mon raisonnement est bien simple. D'après Scœvola, Cicéron, Varron et Festus, la Gens se résume dans le nomen, et le nomen est d'origine étrusque. Le nomen reste la seule conséquence sociale de la Gens, et c'est au nomen que se réduit à son dernier terme le droit de gentilité qui avant les subdivisions des familles était un droit de tutelle et d'hérédité. Le principe aristocratique avec le nomen, le nom de famille a pris naissance en Étrurie, car le principe aristocratique ne peut exister et se développer que par la continuation de la famille et par la perpétuité du nom.

Le principe aristocratique s'est développé à Rome sous l'influence toute-puissante à cette époque de la civilisation étrusque, et c'est le principe aristocratique personnifié dans le Sénat qui a fait la grandeur de la république romaine (1).

(1) Le principe aristocratique est l'élément de civilisation des peuples jeunes, lui seul peut les soustraire au despotisme d'un seul, à la prédominance de la force ou du hasard. Les patriciens n'ont jamais été que des hommes libres, comme le remarque très bien Sigonius, l. I, chap. VII. « Patricios non de cœlo demissos, nihil ultra quam ingenuos. » Il est évident que les patriciens ne sont pas descendus du ciel, ce sont des hommes libres, dont la famille s'est perpétuée.

TABLE

Pages.

AVANT-PROPOS DE LA 2ᵉ ÉDITION.

1ʳᵉ Étude. — État actuel des études étrusques. . . . . . : . . 1

   Les mots étrusques LAR ET LUCUMO. 9

2ᵉ Étude. — La civilisation étrusque d'après les monuments. 17

   Note sur l'architecture étrusque. 29

   Note sur la peinture étrusque. 31

3ᵒ Étude. — Les noms de famille étrusques et inscriptions bilingues 35

   Note sur la lecture des inscriptions. 46

4ᵒ Étude. — La Gens, origine étrusque de la Gens romaine.

   1ʳᵉ Partie 49

   2ᵉ Partie 56

www.ingramcontent.com/pod-product-compliance
Ingram Content Group UK Ltd.
Pitfield, Milton Keynes, MK11 3LW, UK
UKHW020330130726
13696UKWH00003B/1254